AMANECERES
He conocido a alguien

Alexander Molano

Copyright © 2024 Alexander Molano

Reservados todos los derechos. Ninguna parte de esta publicación puede reproducirse, distribuirse o transmitirse de ninguna forma ni por ningún medio (electrónico, mecánico, fotocopia, grabación o cualquier otro) excepto breves citas de los autores o editor.

Aunque los autores y el editor han hecho todo lo posible para garantizar que la información contenida en este libro sea correcta al momento de la publicación, los autores y el editor no asumen y por la presente renuncian a cualquier responsabilidad ante ninguna parte por cualquier pérdida, daño o interrupción causada por errores o omisiones, ya sea que dichos errores u omisiones resulten de negligencia, accidente o cualquier otra causa.

Agradecimientos

A todas aquellas personas que confiaron y creyeron en que mis manos podrían escribir algo con sentido. A Consuelo y a José, quienes lo dieron todo por mí, a mis hijas amadas por quienes la vida tiene sentido y a ella… a quien me hace mejor persona con el paso del tiempo.

Tabla de Contenido

Agradecimientos	3
He conocido a alguien	9
Insaciable	10
¡Hoy quiero que me crea!	11
Justo	12
Realista	13
Pescador	14
Frente a mí	15
Boceto	16
Vuelves…	17
Respeto	18
Nostalgia	19
Ajeno	20
Razón de ser	21
Logros	22
Permisividad	23
Hasta pronto	24
Oportuno	25
Gracias	26
Comprensión	27
Saber de ti…	28
Regreso	29
Retórica	30
Una vez más	31
Ubícate	32
Soñemos…	33

¡Hay que celebrarte! 34
Propuesta 35
Deseo 36
Diente de león 37
¿En qué silencio estás? 38
Temor 39
Madre 40
Mi todo 41
Leva tu ancla 42
Lo que se siente en ti 43
Bienvenida 44
Augurio 45
Escalas 46
Me prometo 47
Regalo 48
Sherbrooke 49
Grises 50
Ven 51
Recuerdos 52
Reto 53
Augurio 54
Ahora 55
Lo serás 56
Primera vez 57
Semana 58
Intercambio 59
Taciturno 60
Mi luz 61
Sed 62

Siento paz.. 63
Sin prisa 64
El comienzo 65
¿Debo evitarte? 66
Cotidiano... 67
A por ellos... 68
Fortunas 69
Lucha 70
Guerrera 71
Bendita costumbre 72
Marea alta 73
Refugio 73
Mi viceversa... 75
Anuencia 76
Paciente... 77
Abrázame... 78
PEnsamiento 79
Sin duda 80
What if 81
Goodbye.. 82
Trueque 83
Vamos 84
Terapia 85
Asertivo... 86
Matutino.. 87
Oye... 88
Lo sé.. 89
Un día de febrero… 90
Dream 91

Me recordarás	92
Augurio	93
Instinto	94
Realidad	95
Saber	96
Alguien	97
Huella	98
Reciprocidad	99
Día a día	100
Susurro	101
Única	102
Encuentros	103
Absorto	104
Hartazgo	105
Absorto 2	106
¡Raya el sol!	107
Mandamiento	108
Saludo	109
¡Es hora!	110
Espacios	111
Razones	112
Yin-Yang	113
Leitmotif	114
A diario	115
Cardio	116
Deberías	117
Madre	118
Realidades	119
Relato	120

En el Ágora 121
Buenos días 122
Falso renacer 123
Escala 124
¿En qué inviertes tus latidos? 125
Congruencia 126
Libertad 127
Deseo 128
Responsable 129
Contravía 130
Réquiem 131
Herida 132
Renovarse 133
Compromiso 134
Consortes 135

He conocido a alguien

En su mirada veo la fuerza de las mujeres que jamás dejaron de serlo, esa morada que necesitas en el recuerdo de los días más bellos, mejor trabajados.

He conocido a alguien que tiene por costumbre desarmar cualquier intento de sublevación con solo arquear sus labios, con tan solo hacerte esa mueca a la que le llama sonrisa.

He conocido a alguien y juro que no traía mi armadura puesta, juro que el día que la vi secaba mis pieles en aquel lago de sueños en el que pretendí descansar sin ser visto.

Le conocí… y ahora no existe un momento en el que no le piense, en el que no desee saber si la noche es fría o si aquella cena satisfizo su alma y también su deseo.

Insaciable

¿Cómo es que regresas por más, aun cuando ya todo es tuyo, aun cuando el aliento que me revive en las mañanas te pertenece, aun cuando no puedo hilar frases que no sean para ti, cómo es que regresas por más?

Ya mi alma pertenece a tu piel, aunque no haya puesto mi mano sobre ella. ¿Acaso es necesaria la prueba? ¿No se justifican por sí solas mis palabras? ¿Ahora qué? Ahora que de nuevo me interno en el umbral de la noche y me permito recordarte… ¿cómo es que regresas por más?

¡Hoy quiero que me crea!

Que sepa que no la estoy adulando, que vea que todo lo que le digo lo tiene frente al espejo.

A su grandeza, a su inmenso corazón, a su alma tan pura y bella, a esos ojos que me han mirado, a esos labios honestos, a las manos sutiles, a ese abrazo gentil y sincero, a esa piel de mil texturas y a todo lo que significa... GRACIAS.

¡Qué sueño de mujer!

Justo

Ella corrió a abrazarle, pero él no quiso entregarlo todo, no quiso, en un abrazo, dejarle saber de las mil y una lunas que le había extrañado.

Realista

No me queda el más mínimo recato… hace mucho tiempo que perdí mis batallas contigo.

Pescador

Como no tienes idea, he estado sentado en mi cama tratando de tomar alguno de los sueños que deambulan por mi habitación. Son tantas las cosas que siento por ti, que nublan cualquier intento de escritura sencilla y de mensaje sutil.

Frente a mí

Finalmente podrán mis ojos descubrir su razón de ser cuando estés ante ellos. Finalmente, cada palabra de cada escrito, pensada en silencio, gritará de emoción, se liberará y encontrará su justa pertenencia. Allí, frente a mí, el viento arreciará, se llevará las nubes que han sostenido nuestros mundos y esparcirá tu luz, aún en tiempos de invierno…

Será entonces el momento exacto en el que confluirán mil pensamientos, mil palabras, mil sensaciones y mil formas de decirte cuánto te he extrañado… entonces el abrazo prometido habrá sobrevivido tus años de ausencia y simplemente, cual primera vez en todos los sentidos, nos veremos avocados a prescindir de recuerdo alguno y será el momento de permitirnos el uno al otro precisamente ahí, cuando estes frente a mí.

Boceto

Tal vez desconozca por completo lo que es el amor, pero sí podría escribir sobre la nobleza de los corazones que bien pudieran amar y dejarse amar. Sucede que, al cerrar mis ojos, eres tú lo único que evoca mi oscuridad. Eres esa cálida luz que se forma en el entorno de mi mirada con los ojos cerrados y que, como carboncillo, comienza a tomar la mejor de las formas.

Vuelves...

Escasamente regresas.
Injusto.
He esperado de pie.
He perecido con el ocaso que se esconde tras la mar.
He soportado la brisa gélida y la amargura de tu insensatez…
Pero sigo aquí.
Quizá algún día lo veas.
Porque, aunque no lo pareciera,
mil vidas me acompañan, mientras decides.
O finalmente te das cuenta…

Respeto

Desearía que alguien me hubiera dicho que sacrificar mis límites en nombre de la empatía no era noble. Desearía que me hubieran advertido que todo lo que haría sería convertirme en una casa segura para los demonios de otras personas. Creo que la empatía debe enseñarse en dos partes: ¿cómo ponerte en el lugar de alguien y ver el daño que le hicieron?, y ¿qué les hizo herirte y cómo entender que no mereces lo que te están haciendo?

Nostalgia

Imposible evitarse… para qué engañarse cuando la verdad aflora en la piel cada vez que abro los ojos y agradezco por ello. En las noches, en las madrugadas, en las mañanas y en las tardes siempre existe un pensamiento, una palabra, un algo que sabe de ti, que me lleva o te trae de regreso a mis pensamientos incautos. No cabe duda de que el silente paso del tiempo se lleva consigo todo, menos tu recuerdo.

Ajeno

Soñaré contigo, lo sé. En unas horas iré a descansar y te veré una vez más en tu imborrable recuerdo. En ese recuerdo en el que entrelazas las horas una a una y en las que te aseguras de estar siempre presente, de estar ahí, de no dejar duda ni posibilidad diferente a resultar invadido de ti.

Razón de ser

No tenemos recuerdos, no tenemos historias conocidas ni construidas y eso es bueno. No sabemos si a la noche le gustará el vernos juntos tal como a nosotros nos agrada que llegue ella… nada que juzgar y todo por aprehender, tan solo la decisión de caminar juntos y descubrir por qué no fuimos el mejor principio, pero sí el más bello final.

Logros

Finalmente he descubierto que no es lo que vistes, no es aquel perfume que rocías sobre tu piel, no es lo que usas a diario ni la forma en que adornas tu ser… es tan solo el primer aliento de tu día, aquel respiro que tomas al abrir los ojos, es el preciso momento en el que descalzas tu alma de los sueños por cumplir y te animas a ser realidad una vez más. Sí, es ese preciso instante en el que, en tu despertar, cual grito de vida, llamas la atención de cada uno de mis sentidos, reclamas tu existencia y tan solo anuncias que eres terrenal una vez más…

Eso es exactamente lo que logras.

Permisividad

Déjame recurrir a ti una vez más... Permíteme contarte sobre mi deseo con las caricias de mis manos en tu torso desnudo. Juro que no sobrepasaré los límites que tú impongas, aquellos que solo romperás en lo que has llamado la precisión de tu ser.

Deja entonces, mujer, que reviva la vitalidad de tu piel, que sea mi silencio el mejor anfitrión de los sonidos de tu alma en paz, de tu intención en la mirada y de tu locura en la sonrisa.

Hasta pronto

Y fue allí, en la ciudad que no nos pertenecía, en donde todo nos hallaba, en donde el grato recuerdo que amainaba entre nosotros terminaba y la magia se hacía realidad una vez más.

Oportuno

En la honestidad de nuestros pensamientos nos besamos mucho antes de besarnos… y en lo majestuoso de la noche fría que nos acompañaba, el respeto por el otro tan solo dejó espacio para el mejor beso que haya tenido en años. Fue la suavidad de nuestros labios en ese momento, el afecto mejor guardado y la respuesta que siempre dudas. Allí estábamos, en medio de la calle con el silencio mejor entregado y todas las posibilidades…

El coqueteo de dos que bien se conocen, y la noche que ayuda en medio de unas copas que rompían el temor fueron suficientes para demostrar una vez más que tu belleza sigue intacta y que tu dulzura se engrandece en cada parte de ti.

Gracias

No pretendo interrumpir tu silencio y mucho menos hacer que poses tus bellos ojos sobre palabras que no estén a la altura de tu absurda inteligencia. Entonces repliego mis ideas y tan solo me permito dejar que mi alma trate de asistir la tuya, que sea en la profundidad de este corazón que late por vos en donde nazca mi mejor saludo, aquella frase que guste de ti y que sea capaz de obtener una de esas sonrisas que solo tú sabes tener.

Sí, hoy como ayer me es imposible dejar de pensar en ti. Lo extraño todo, pero, sin duda, lo que más extraño es verte, sentirte cerca y adorar cada segundo de ti.

Comprensión

Permite que la mañana te dé la posibilidad que alguien ya te brindó. Tan solo hay que entender que es el momento preciso, la persona indicada y el camino a seguir…

Saber de ti...

He caminado por rincones en donde nada habita, en lugares a los que llegar solo puede suceder en sueños y, en ocasiones, en las que tu cuerpo espera que regrese su alma... en esos lugares en los que nada ni nadie interrumpe mis pasos y mis deseos más profanos, termino por encontrarme frente a ti.

Entonces observo, absorto en mi delirio, que el encanto de tu recuerdo es real, que nada puede distraer totalmente mi pensamiento de ti. No existe, y poca fe doy a que pueda existir, alguien que sea dueña de mis mejores momentos, como lo eres tú. Aun así, siendo lo que eres, estando tan cerca de la deidad y con el inconmensurable amor que llevas por vida, volteas a mirar una vez más.

Regreso

Y allí, en donde finalmente nuestros espacios se encuentran, esbozas esa sonrisa que adormece mi alma, doma mi corazón y apabulla mi prisa. Cómo más puedo decirte todo lo que eres, cómo más puedo apreciar en ti lo que no quieres ver, cómo desmenuzar para ti lo propio de tu bondad. Regreso. Vuelvo a mi cuerpo, me repongo del viaje que me llevó a verte y, paulatinamente, despierto a saber de ti.

Retórica

Cuando se miente, se olvida momentáneamente.

Una vez más

Siempre serás el volverte a ver.

Ubícate

Eres extremadamente rara, y por ello no encajas en preceptos mundanos que no te dan el valor real que mereces.

Soñemos...

Que hoy nos es permitido.
Que es posible.
Que finalmente le hemos encontrado.
Que era cierto aquello del esperar.
Que significa más de lo imaginable.
Que en esos ojos está la respuesta.
Que en esos labios está la verdad.
Que en su piel está el sentido de todo.
Que en sus palabras suena bien.
Que en su vida hay cabida.
Que en su lecho está la magia.

Soñemos, que ya no es tal.

¡Hay que celebrarte!

Porque el paso del tiempo te ha hecho un ser maravilloso.

Porque la brisa que llega del sur susurra lo que le dices al mar.

Porque solo Dios sabe lo grande que eres.

Porque al verte con los tuyos, se logra entender un poco mejor el brillo de tus ojos.

Porque el temor no te es a ti y porque la grandeza de tu ser se ve mejor cuando en ella sonríes…

Hay que celebrarte.

Propuesta

Te devuelvo las memorias que ya no caben en tu pensamiento, aquellas historias que decidiste no creer más, el antes y el después de nosotros y las sonrisas que pensé fueron reales. Te entrego los vestigios de las noches en que te hacía compañía mientras el mundo iba en sentido contrario, opuesto a tus deseos y con la lentitud de quienes perecen.

Me quedo con lo que me pertenece, con la desfachatez de haberte propuesto tu espacio o el mío, el mundo del que hablabas o la realidad de mi creación para ti. Me quedo con los sueños tejidos al dormir, el pre despertar ante lo majestuoso del verte con luz de madrugada y el silencio que acompañaba mejor la profundidad de tu sueño.

Deseo

No pretendo romper el silencio que acompaña tu mejor momento, tan solo quisiera saber cómo van tus días, saber, por ejemplo, si el café de la mañana trajo algún recuerdo o si, con suerte, el viento que roza tu rostro susurró alguna palabra en mi nombre.

Diente de león

Se coló el viento entre las grietas que quedaron como resultado de aquel último beso… paulatinamente y con la prudencia del silencio abismal, se hicieron borrosos los recuerdos de las sonrisas libres y de las lágrimas de reconocimiento sobre el estar para ti. Es hora de abandonar la idea. Es hora.

¿En qué silencio estás?

Dime dónde descansa tu aliento, para correr y que no haga falta. Sea cual sea la razón de tu verdadera existencia, permíteme un minuto, con suerte dos, para inventar el espacio que mereces cuando de descansar se trate. Imagina simplemente que la mirada que acompaña mi llamado lacónico por fin es atendida… y decides sonreír para mi beneplácito.

Temor

Tiempo… y con él, la incesante pregunta sobre el sentido de vernos hallados, de encontrarnos finalmente. Ya te he visto y he acortado la distancia que te hace menos sueño y más realidad. Dime, entonces, en qué despertar estarás, qué mañana será la indicada para que tu sonrisa sea el camino a seguir…

No fue en invierno, no fue el frío, el que alimentase la necesidad del abrazo. Mas no es de estaciones… eres tú, quien a fin de cuentas se permitirá entre mis brazos, esos que aguardan sin temor.

Madre

Tu recompensa será la sonrisa en sus caras, el abrazo inesperado y el "te amo" a su manera… porque de lo que tú sientes al verlos, al escucharlos, al sentirlos, de eso, solo tú sabes…

Mi total admiración por cómo haces que todo sea más sencillo en el mundo que creas a diario para ellos.

Mi todo

No soy al silencio lo que este me propone, no doy mayores explicaciones a lo que siento y mucho menos me engaño, cuando de recordarte se trata.

Contigo no hay lugar a saludos simples, a palabras preconcebidas y mucho menos a cortesías que hace mucho tiempo superaste. No soy yo el que sigue los manuales cuando se trata de reconocerte en mis palabras y por nada evitaré que te quedes con algo de todo lo que ya he propuesto para ti.

Sería distinto si no naciera en ti la delicadeza de tu simple despertar o la sonrisa que engrandece tu rostro y, mucho menos, la suavidad que denotan tus demás sentidos. Sería muy distinto si no fueras tú la que llega a mis pensamientos con la locura de tu caminar y el torrente de sangre que se inquieta dentro de mí…

Leva tu ancla

No persigas la razón de tu locura. No persigas a quien visiblemente no quiere ser encontrado, simplemente permite que sea en su libertad en donde radique su decisión, la cordura de tu compañía o la lejanía de tu ser, de tu inigualable pureza y de tu infranqueable sentir. No le justifiques, porque ya lo sabe, ni te justifiques, pues es notorio.

Sé quién has sido siempre y que el tiempo pase… con seguridad has de llegar a mejor puerto.

Lo que se siente en ti

Te encuentro en las imágenes que te muestran afable, llena de detalles únicos y de complejidades extremas. Te encuentro encantadora en la simetría de tu rostro, en la variedad de tus colores, en el eterno y maravilloso amanecer con el que llegas y en lo inverosímil de esa tu re-creación diaria. No alcanzas a imaginar el bello placer que me brinda el saber que estás bien, el saber que tu sonrisa sigue intacta y que tu mirada sigue los trazos que esbozaste cuando decidiste ser todo lo que ya no se encuentra… eres mujer y juro que Dios en ti, sinceramente, desbordó toda su imaginación y su talento, pues no se podría explicar de otra manera todo lo que se siente en ti.

Bienvenida

No hay sueño sin que haya existido una palpable realidad. No naciste de los cuentos de hadas, ni de idealizaciones banales de caprichos mediáticos. No se llega a ser tan elocuente de no haber existido una realidad que antecediera, cual madrugada al sol. Así te ven mis ojos, así te siente mi alma y así te veo a diario. Pero basta de diatribas, basta de palabras que jueguen a ser diferentes, cuando el significado y la esencia son únicos, cuando tu respuesta es obvia como el silencio que te acompaña. Hoy hay que justificar, aun cuando no es necesario, el placer de hallarte entre nosotros, entre quienes disfrutamos tanto de ti.

Augurio

Llegaste a mí en libertad y nada de lo que yo hubiese hecho cambiaría, por bello que pareciera, por especial que fuera, por irrepetible, esa libertad.

Tu única prisión fue mi saludo matutino, tu peor momento fue el recibirlo a miles de kilómetros de distancia y mi mayor pecado fue volverlo esencial…

La noche debía partir, y por más que hiciera para que fuera diferente era libre igual. Tan solo una certeza me queda, sentiste el primer beso y lo recuerdas porque se quedó grabado en tu memoria y con seguridad recuerdas el último… porque nos despedíamos para siempre, sin saberlo.

Escalas

Alguna vez te dije que eras una nota de otra escala y luego de haber escuchado tantas sonatas como me fue posible, lo he comprobado. Quizá esa nota no hallada, aquello que no fue posible plasmar en partitura alguna, sea el producto de tu libertad. Esa nota está en ti, permanece contigo y complementa el mejor acorde.

Me prometo

El silencio a quien lo quiere y a quién en él, en mi silencio, encuentre su mejor momento. Me prometo los días enteros, con sus noches, en vigilia, alejado de quienes no regresarán porque simplemente nunca llegaron. Me prometo la fuerza que se diezma ante su presencia y mis ojos cerrados para evitarle mi propio desencanto.

Me prometo el triunfo de las pequeñas batallas que me brindará el segundo que no le piense, que no le busque.

Regalo

He comenzado algunos escritos para ti y antes de cerrarlos y darles la vida que terminará en tus ojos, los pospongo ante la inmensa fortuna de tener tu atención un pequeño momento de tu interminable día. Y es ahí precisamente, en el juego de tu lectura, en donde no quiero evitar que esa mirada perpetúe tanto mis escritos como a quien los lee.

Mi mañana ya es encantadora porque llegaste a mi sueño y solo deseo que la tuya sea tan bella como la mía, y que no te quepa duda de que tu existencia es un regalo de Dios.

Sherbrooke

El gris de la ciudad hace que el cielo y la tierra mueran tras aquella esquina de la calle Sherbrooke. Allí se mimetiza el sueño y la realidad palpable de todos quienes deambulamos con supuestos rumbos conocidos (…)

Entre tanto nadie lo note, que tu sonrisa y mi mirada se mantengan diáfanas en esta lluvia torrencial… tan solo así será posible extrañarte con gallardía, con la poca mesura de mis latidos y con el silencio que te acompaña.

Grises

Un gélido frío recorre la ciudad que habito por estos días. Su cielo es gris y un tanto oscuro, pero resulta poético si se quiere, pues por suerte tengo la magia de tu sonrisa y el encanto de verte casi a diario en una vida que bien merece ser presenciada. Sí, el calor que brinda la sucesión de tus días hace de mi cielo y del lugar que habito el mejor espacio para pensar en ti.

Ven

Allí, en el lugar que cuidan mis sueños, en aquel paraje que he creado para ti, está sin duda alguna el mejor resguardo de tu realidad.

Recuerdos

Tus labios saben muy bien. Y el beso es aún más inolvidable con el roce en el tiempo... pero conozco más que eso, más que el beso y el tiempo y el roce.

Reto

Si he de volver, has de extrañarme desde las entrañas. Ya poco hace el deseo y el afán del beso en el intenso frío. Que sea la mujer la que extrañe al hombre si ha de ser… de lo contrario, el silencio será eterno.

Augurio

Juro que la dureza y frialdad de las palabras te pasará factura. El tiempo corre…

Ahora

Esta noche sí que estás bella… Esta noche volveré a inclinar mi cabeza como aquel momento en que te vi por primera vez. Entonces, mi incipiente silencio no me permitió verte entre mis palabras, pero hoy, que he recorrido un poco de ti, le inclino de nuevo, aunque esta vez para reinventar aquel verso con el que robé tu atención y que te permitió sonreír por mi culpa.

Lo serás

Siempre serás lo mejor que le pase a la noche. Serás la razón para que la luna ilumine, serás la verdad en cada sonrisa y, para el incauto, el sueño ante tu presencia. Serás entonces la respuesta a mi atención y, sin duda alguna, la elección favorita de mis palabras.

Primera vez

Será bello cuando nuestras miradas se encuentren por primera vez. Ese indescriptible momento en el que le pondremos voz a los sueños que se surcaron contigo en la distancia, la voz real de la magia de mis sueños.

Será bello ese abrazo de verdad, ese que nos hemos brindado en cada despedida, en cada momento al terminar una conversación y desearnos las buenas noches.

Semana

Hoy fue tu cuerpo mi deseo
Mi deseo hoy fue tu cuerpo
Tu cuerpo fue hoy mi deseo
Hoy tu cuerpo fue mi deseo

Intercambio

Cierra la puerta y apaga la luz
Sigue mi voz hasta tocar mi piel desnuda
Una vez lo hagas
Será tu voz

Taciturno

Alcanzaré tu voz al terminar la noche.
Cansado de perseguirte
en mis sueños,
finalmente alcanzaré algo de ti.
Será tu voz lo primero
y desde ahí,
paulatinamente,
me deslizaré por tu cuerpo.
Entonces será unísono
el grito de tu voz en mi piel
y allí atracaré
entre los arrullos de tu voz
y mi eterno silencio.

Mi luz

Fueron los murmullos de la noche los que me brindaron tus primeros bocetos. Fue ahí en donde encontré las bellas coincidencias entre nuestras almas, entre los caminos que finalmente se cruzaban. Jamás me sentí tan vivo, tan lleno de virtud y con la fuerza intacta para construir a tu lado nuestras locas ideas que se tornarían en felicidad… no recuerdo el tiempo que tuvo que pasar para llegar a ello, lo que sí recuerdo es que, desde ese momento, la música se tornó diferente y sus notas se sentían de otra manera en cada espacio de nuestro cuerpo. Entonces, gracias por tu bendita existencia, y por aquello que da razón a mis días y a su luz.

Sed

No es la piel la que grita a aquel momento que sucedió en noche de invierno, ni fue el frío el que le hizo erizar. No fue precario ese encuentro ni obstinado en el tiempo… no culpes, entonces, mi recuerdo, porque fueron mis manos las que descansaron en ti.

Mis manos sobre tu piel tan solo seguían la voz de tu alma, era tu sed la que se debía saciar, era mi sed la que finalmente encontraba la frescura de tu cuerpo.

Siento paz

La grata fortuna de la tranquilidad ha llegado para
quedarse
y así me lo hace sentir
a través de tus ojos,
en la quietud de tu imagen cuando yaces en los míos
cerrados.
Mas no es porque estás
que siento esa paz, no.
Es porque he esperado con gallardía
tu llegada.

Sin prisa

¿Acaso sabes de las veces que te he visitado mientras duermes? ¿Acaso conoces las interminables charlas que sostengo con Dios para alcanzar su benevolencia en ti? ¿Tienes alguna idea del porqué de mi insomnio?

He seguido y conseguido los consejos vastos de los poetas muertos y he llegado a ser hostil al seguir aún a los que todavía existen. Entonces su locura y su poca cordura, que no es lo mismo, mantienen en mí el detenerte… pero será en tu libertad y no en mi afán de tenerte en donde confluyamos.

El comienzo

Qué te hace pensar
que si atravieso uno de tus sueños
no tenga yo el deseo de quedarme.
Acaso
cómo pretendes
que esta historia
comience a escribirse.

¿Debo evitarte?

¿Y obviar tu infinita cordura a la hora de existir en cada pensamiento que me atraviesa?

¿Acaso debo simplemente hallarte en silencio y verte poseer los mejores versos que pueda hacerte?

¿O simplemente debo mirarte y perderme una y otra vez en todo lo que tus ojos proponen?...

anhelo, paz, algo de picardía y todo de encanto.

Entonces me quedo con todo lo descrito e imploro poder asistir a tu encuentro cada mañana.

Cotidiano

Las estrellas me hablaron de ti… comprendo ahora que entre el día y la noche hay un sinfín de maneras de hacerte saber sobre tu propio significado en mi vida, y es en la madrugada en donde debe dejarse sentir toda interpretación.

A por ellos

El interés y el amor
deben ser atendidos
con prontitud.

Fortunas

Si se representase a Dios de alguna manera, tiendo a pensar que estaría en el atardecer que se aprecia con la esperanza de contar con su atención... pero si me preguntasen cuál sería la representación de mi mejor sueño, simplemente me aseguraría de que todo el mundo te viera sonreír.

Tan solo así entenderían los hombres sobre verdaderas fortunas.

Lucha

Me retiro. Iré a pelear con mis deseos para ver cuáles se quedan de pie y vale la pena perseguir.

Guerrera

Entiéndelo de una buena vez:
eres dulce
y en esa dulzura que te acompaña
te veo defendiendo lo que es tuyo,
defendiendo el verdadero amor.
Entonces debes creértelo,
no porque yo lo diga
o lo sueñe,
pero sí
porque es
tu encantadora realidad.

Bendita costumbre

La de sobrevivirte
aquella de imaginarte
una y otra vez
en cada parpadeo
en cada respiro
esperando que aparezcas
en la mañana
en tus días de tantas horas
y en los que no existes
en aquellos que te espero
pero aún más
en los que me despido

Marea alta

Entonces la piel
se hizo mucho más sensible
y mi regazo tu refugio favorito
Era mi silencio
y las mil caricias
que guardaba para ti
las que me hicieron puerto
de resguardo
Allí estarías bien
te sentirías segura
y atracarías tu viaje…
y mi poca cordura

Refugio

Como ningún otro
lavo mis ojos
en agua de rosas recién cortadas
antes de verte
antes de execrar
mis vidas pasadas
antes de merecerte
a mis pupilas
ávidas de ti
Lavo mis ojos
de las sombras que cobijan
a quien bien te merece
a quien sabe muy bien
el inmenso valor
que atesoras

Mi viceversa

Aún si no aparecieras esta noche para acomodarte en mi regazo,

mis recuerdos serían suficientes.

Aún si en la mañana me pierdo los primeros colores de la madrugada en tu rostro y el sonido de las aves migrando al sur,

mis recuerdos serían suficientes.

Aún si el eco de mis palabras no encuentra el reflejo en tu piel y mi poesía no muere en tus ojos,

mis recuerdos serían suficientes.

Pero si al volver atrás y ya no encontrarme esperando por tu cuerpo en mi regazo, tu tez desnuda, y mis versos efímeros,

tus recuerdos serían suficientes.

Anuencia

No tienes que hacer nada para tratar de comprender lo que sucede, no intentes la cordura, no mires atrás tratando de encontrar la respuesta a mi forma de escribirte, porque, para serte honesto, no la vas a encontrar. Nunca he necesitado razones para hacerlo, a mí me basta con que te mires en algún reflejo y encuentres todo lo que yo. No suelo equivocarme en mis apreciaciones y contigo tan solo debo sentarme, poner una tonada con notas de piano o de chelo y simplemente dejar que la magia se haga cargo, simplemente dejar que tu magia se escriba a través de mis manos, con la anuencia de tu alma y el beneplácito de mi corazón.

Paciente

Lo mejor sea contigo siempre, lo mejor te acompañe en el día a día, en el abrazo sincero y el pensamiento puro de todos quienes te rodean con amor. Entre tanto, yo espero mi turno.

Abrázame

Hoy no busco nada más
hoy no quiero nada más
tan solo aquello que conlleve
un encuentro contigo
en el que con certeza
nos sentiremos vivos
por el tiempo que lo sientas
salvo que sea agradable a ti
que se ajuste a lo que quizá
tú también necesites
y se eternice
Abrázame
sin hablar
sin preguntar
hazlo suavemente
permanece allí
tanto como quieras
ten la certeza
de que yo lo querré siempre

PEnsamiento

¿Y si tan solo nos dejamos amar por aquel que ha luchado sin titubear?

Sin duda

Siempre seremos recordados cuando nos entregamos honestamente, cuando lo que se dijo se demostró y cuando lo que se demostró se mantuvo en el tiempo.

What if

Qué tipo de mundo habitaríamos si no fuésemos el sueño de alguien más y simplemente todo ocurriera… inventándonos a diario, como cuando acaricias por primera vez, como cuando besas por primera vez, construyendo nuevos caminos y bellas ilusiones.

Goodbye

Entonces simplemente me iré y haré realidad el silencio que buscas. Me llevo los bastiones que siempre fueron míos, los sueños que sostuve aun cuando tú los habías perdido, el recuerdo nefasto de aquel instante en que esperé por ti, mientras tú no, mis verdades y tus dudas, porque lo justo también es que no te quedes con nada. Si estás a manos llenas, difícilmente podrás recibir aquello que buscas y que, en definitiva, no está en mí.

Trueque

Tú y el mar son la conjugación perfecta, él te brinda la paz que necesitan tus sueños, mientras tú le dejas saber del sabor de tu piel.

Vamos

Acepta mi propuesta
y hagamos de este mundo pequeño
eso que tanto hemos esperado

Terapia

Verte a diario
simplifica
mi manera de soñarte

Asertivo

El aire parecía besarle la piel…
¿y cómo culparle?

Matutino

Si he de llegar a ti con un ápice de felicidad o tan solo con un momento de sorpresa, viviré por siempre en un bello recuerdo.

Oye

Tan solo espero que sepas que eres poesía

Lo sé

Eres tú, de eso no concibo duda alguna. Eres tú y lo que susurra tu silencio, aquello que tan solo se escapa de la bondad de tu ser. Eres tú y eso que, al contemplarse, no se permite errar. Sí, a ti te pertenece lo que para mí es la humanización del deseo febril.

Un día de febrero...

Te imagino.

Recostada en tus recuerdos y en lo plausible de tu día a día.

No puedo decirte que llego a verte porque la verdad es que tan solo permito que tú sepas que me detuve a saludarte, después de haber estado dando vueltas sobre tu existencia.

No creo que haya existido un día hasta hoy, desde que volví a saber de ti, en el que no te hubiera pensado. He de ser honesto, pero tan solo recuerda que es mi realidad, única y vorazmente mi realidad.

Dream

Quise guardar silencio al contemplar tu imagen, pero tú ya estabas allí... era tu silencio el que lo inundaba todo, el que permeaba hasta mi deseo de callar en la madrugada. Tus ojos gritan lo que no pretendes decir, pero es el movimiento lo que te hace superarte a ti misma.

Hoy tengo para ti un abrazo y absolutamente toda mi atención. Sea el buen Dios, aquel que desbordó sus propias leyes contigo, quien acompañe tu sueño más esquivo.

Me recordarás

Me verás. Quizás no sea pronto, pero con seguridad que no será un tiempo mayor al ocaso de mi siguiente invierno. Me verás, pero no saldré a tu encuentro, no esta vez. Entonces será diferente. Perdí mi lugar cuando ostentaba cada parte que de ti caía. Fui testigo de todo en un tiempo cercano, y hasta donde lo comprendí fui llamado ángel, bastión y soporte…

Ahora que me estoy ajustando a la realidad que me atañe, sin perder una sola pizca de todo mi valor, mantendré la esencia que hace de mí un ser del que, con absoluta certeza, bien vale la pena acordarse.

Augurio

Siempre encontraré una esperanza
en la sonrisa encantadora que entregas tan solo
porque sí.
Allí he de volver una y otra vez
sin pensarlo un segundo
no sé
con suerte
uno de estos días me guiñas el ojo
y te creo
lo que de por sí ya siento

Instinto

Tan solo creí que era posible…
fue tan real
El beso no miente, mucho menos aquel.
Y yo no suelo ser compasivo conmigo mismo.
Ese no fue un sueño.
Y fue tan veraz, como tu gusto por el roce de mis labios.
Aquello fue encantador,
pero lo fue aún más
el escucharte, el verte,
el tratarte tal cual mereces

Realidad

He aquí mi hombro
mi silencio para tu anuencia.
He aquí mi lugar y todo su espacio
a quien no juzga y provee aviso.
He aquí una mano al caminar
un intento de parodia para verte sonreír.
He aquí alguien que te valora
aquel que llegó sin prisa.
He aquí a quien encuentras sin previo aviso
y quien espera paciente a ser convocado.
He aquí a quien conoce un poco de ti
aquel que tan solo desea lo mejor para vos
pero quien también sabe amar
con la locura necesaria y la prudencia precisa.
He aquí un hombre de verdad.

Saber

Coincidir contigo entre las brisas de un mismo viento del norte, sentir por un segundo el inquietante aroma de tu piel y reasumir el contrato de nuestras almas alguna vez propuesto son simplemente anunciaciones de que los dos nos sabemos bien.

Alguien

Alguien que se atreva a describir al escritor… alguien que amague con diatribas soeces y poco ortodoxas tal cual hoy pesa el viento. Alguien que arremeta contra el ideario que amanece con tu recuerdo y soslaye la honestidad de mi relato. Alguien a quien el corazón le brinde memorias sobre el estar vivo, sobre el quererse eternizar en madrugada.

Alguien que no respete ni se hinque y que muestre con orgullo que el existir tiene toda la razón de ser.

Alguien, que no yo.

Huella

Juro a los dioses que, si me ves de frente, cerca de ti, bien mereceré tu oculta sonrisa.

Reciprocidad

Son las olas las que me regresan a ti. No es más fuerte mi esfuerzo, cuando se lucha contra un mar sublevado.

Día a día

Extrañarte me hace perder la cordura. Inquieta mi pensamiento sereno y reduce mi infinito espacio a tu existencia. Parecerá loco, y por supuesto que lo es, pero esa es mi realidad. Es ello en lo que absorto deambulo día, tarde y noche.

Susurro

En pocos meses levaré mis anclas y partiré… la quietud ante lo apasionante de tu ser ya no va más. La vida es un santiamén y no va a pasar frente a mí sin que yo te busque, sin sentir el calor de tu abrazo y sin que sientas lo que he venido a entregarte. Preferiría morir antes de evitarte, antes de tenerte ahí libre, espontánea y brillante sin dejarte saber al oído, desde cuándo solo escribo, vivo y siento para vos.

Única

Eres única
lo eres para mí
Lo eres por atender mis palabras
por entender que son para ti
Lo eres porque es a ti a quien pienso
en quien distraigo mi mente
cuando quiero sentirme bien
cuando quiero sentir bonito
Eres única
y me maravilla verte hacerlo tan bien
aún en los contratiempos
pues sabes cómo hacerlo
sabes cómo manejarlo
Entonces déjame escribirte hoy
sobre los sueños que nacen en ti
sobre la vida y su infinita belleza
al saber que coincidimos
en estos días
con sus noches

Encuentros

Acabo de recordarte. He detenido mi labor por unos instantes y me he permitido cerrar los ojos y evocar cada instante que he pasado cerca de ti. He sentido, por ejemplo, el calor y la suavidad de tus labios, el encantador aroma de tu piel y todas y cada una de las levitaciones a las que simplemente les hemos llamado encuentros.

Absorto

Quiero verte sin ser visto, estar ahí simplemente y sentirme encantado por lo que sea que hagas. Y no es soñar, es tan solo hilvanar este cúmulo de ideas en las que siempre serás aquello que lo hace todo posible, eso que tanto admiro, eso que tanto me gusta.

Hartazgo

Aquel de la caricia simple y con injusta prisa, del corto momento y del adiós repentino, de ese que no disfruta los chocolates ni alimenta las flores en invierno. Del paso del tiempo en tu ausencia y de la nieve que condena el caminar libre. Cansancio también, de la mucha cordura de los amantes taciturnos y de la pobreza del sentir actual. De evitar las rosas y la ridiculez que conlleva el estarse enamorando. En pocas palabras, yerto de la notoria falta que me hacen tus besos… tan solo tus besos.

Absorto 2

Disculpa, pero no sé qué sucede hoy. Caí en una grieta de un pensamiento que irrumpió en mi tarde y allí, enclaustrado en aquel bello momento, tan solo permití que mis ojos se cerrasen cual tulipán y se desquiciaran con tu recuerdo. Entonces no he de reclamarles, finalmente no les puedo hacer culpables, a mis pensamientos, a las grietas que hacen para que yo, absorto, encalle y se pueda dar la magia… la magia de tu recuerdo.

¡Raya el sol!

Y me recuerda el calor de tu sonrisa, de esa mirada que trae la tibieza más pura a mi alma y de cada momento en el que he podido ser increíblemente feliz. Sopla una brisa tenue y algo fría, tal como los vientos del norte que acarician las costas de San Francisco en mayo y que brindan ese aire que renueva la piel y me anima a escudriñar palabras para ti.

Hoy es un nuevo día, poco a poco se abre la primavera y, con ella, llegan los colores y matices que muestran a mis ojos todo de lo que estás hecha, todo lo que no se advierte en invierno, todo lo que verdaderamente eres.

Mandamiento

No permitas que la piel sienta
lo que tu corazón no haya palpitado

Saludo

Hoy que me acompaña un hermoso silencio mientras contemplo el sonido y el olor de la lluvia, con un piano muy suave y un café en mi mano, quiero dejarte saber, con mensaje de urgencia, lo mucho que me gustaría abrazarte.

Que sea un lindo día y que la vida sea bella para ti en todo momento.

¡Es hora!

Tú y yo tenemos algunas cuentas pendientes y, de no comenzar a besarnos ya, el tiempo se encargará de mostrarnos que, al final de los años, no veremos el sol ponerse el mismo día.

Espacios

Te descubrí en las flores que escogí hoy. Allí estabas, sentí el aroma más sensato cuando las tomé en mis manos, cuando cerré mis ojos y simplemente me dejé llevar por aquel recuerdo que dejaste. Volveré una y mil veces a aquella esquina de la calle D'Aragon, no solo por mis tulipanes, sino para volver a encontrarte… es uno más en esta seguidilla de espacios en los que ahora existes.

Razones

No es que me duela quererte porque lo mío es amarte.
No es que me duela pensarte porque lo mío es soñarte.
No es que me duela desearte porque lo mío es palparte.
No es que me duela extrañarte porque lo mío es vivirte.
No es que me duela besarte porque lo mío es acariciarte.
No es que me duela decírtelo porque lo mío será demostrártelo.

Yin-Yang

La diferencia es que mientras tú me quieres, yo te amo. Mientras tú me piensas, yo te sueño. Mientras tú me deseas, yo he de palparte. Mientras tú me extrañas, yo te vivo. Mientras tú me besas, yo te acaricio los labios. Mientras tú me miras, yo he de proyectarme. Mientras tú lo piensas, yo lo anhelo. Mientras tú me lees, yo espero por ti. Mientras tú entregas tus pieles, yo conservo mi paz. Mientras tú me mientes, yo me aferro a mi verdad… y así irás por la vida, creyendo que somos iguales, que moriremos porque a eso vinimos, mientras yo conservo la vida que ya no esperará por ti.

Leitmotif

Por qué no vienes y dejas que todo sea posible, por qué no te permites escapar un momento y encontrar el abrazo honesto que te propongo en mis sueños, que has sentido en los tuyos. Por qué no escapamos silenciosamente entre las calles sin nombres de esta ciudad a la que puedes llegar de madrugada. Por qué no olvidamos la realidad que en ocasiones duele y nos encantamos mutuamente… si es que eso resulta posible para ti. Por qué no nos enfrentamos tú y yo, desarmados y sin historia y recurrimos únicamente a lo que se escriba en adelante.

Ven entonces, mujer, tan solo un guiño tuyo y mi locura encontrará su razón de ser.

A diario

Hay que revalidar en ti
mi gratitud por tu existencia.

Cardio

Tan solo sé que es real, que lo siento muy dentro de mí, que mi corazón pasa tus recuerdos con cada latido.

Deberías

Deberías estar aquí
Deberías poder recibir los abrazos que me han dejado
algunas almas conocidas y otras que no supuse

Deberías estar aquí
Deberías tener la fuerza que diezma el pensar de más
y simplemente enraizarse en la idea absurda de ser
putamente feliz

Deberías estar aquí.

Madre

No estás físicamente, pero puedo jurar que te siento a cada día. El amor más puro y verdadero siempre vino de ti, aquella caricia que intentaba ocupar mi lugar cuando algo no andaba bien era la frustración que hoy comparto como padre y madre. Era una suerte de cuadrilátero en el que querías simplemente reemplazarme y hacerte tú a mí dolor. Así son las madres y así somos quienes tenemos la fortuna de haber sido llamados a esta labor. A todos aquellos seres que son madres o que hoy fungen como madres y padres, tan solo deseo que la fuerza nunca diezme y que los besos y los abrazos de nuestros hijos sean todo lo que necesitamos para seguir adelante.

Realidades

He decidido que mi gusto por vos sea finito… lo infinito no es tal.

Relato

Mis palabras darán fe
de la lucha que sostuvimos
antes de llegar a merecernos

En el Ágora

No nos permitamos el olvido. Los labios no mintieron, y la recordación del beso aquella noche fría llena de bribones y coperas absortas no pudo brindar mejor suavidad al sueño momentáneo de tocarte... yo no comparto la idea de tu lejanía, y preferiría mil veces el cadalso a la ausencia de la simple posibilidad de volver a besarte, más de una ocasión.

Buenos días

Extrañé tu presencia, y aunque sentía el calor de tu piel, tuve que abandonar el mullido espacio que aún conservo para ti.

Falso renacer

Todos los demonios caminan entre nosotros
y en ocasiones sus pieles parecieran casi humanas.

Paulatinamente, desde lo lejos, se puede apreciar la bajeza de sus vidas y el cómo, poco a poco, se entierran una y otra vez, olvidando para ellos lo que verdaderamente son, pero que ya no pueden ocultar más.

Escala

Me he despojado del poco roce social de mi día. Me he quitado los compañeros fieles con los que labro mis caminos y los caminos de quienes me siguen. He detenido la marcha del incesante trasegar por el que pasamos a modo de crecimiento y he tocado aquella tonada perfecta, aquella en la que el violoncello juega con un piano maravilloso, persigue de forma incesante esa nota precisa, y cae en la tibieza de la escena final en la que tan solo quiero pensar en ti.

¿En qué inviertes tus latidos?

Quizá en la bella diferencia que encuentro en los lugares menos pensados. Quizá también en las sonrisas de mis hijas y en aquellas lágrimas que atraviesan sus recuerdos. Sin duda, en la incertidumbre al evocarte y, con seguridad, en el atardecer que siempre me roba uno de más. En el trance del día en el que leí de alguien a quien respeto y admiro demasiado, esta bella pregunta, con la insinuación de su mirada y el encanto al que le entrego varios de mis latidos en la madrugada que espera por ella.

Congruencia

No se trata de coincidir, de esperar que los indicados se encuentren o de que el tiempo haga algo diferente a seguir su rumbo… tan solo se trata de ser honestos, transparentes, sinceros. La gran diferencia radica en serlo desde el principio y no cuando las alas, dibujadas ahora, ya se hacían a volar.

Libertad

Aún en días tan largos y extenuantes, como los que han pasado por mi historia reciente, tan solo algo me brinda un aire bondadoso de mañana temprana y es cuando te veo sonreír o cuando te recuerdo. Que infinita paz la que llevas consigo, aquella que se te ve tan bien cuando decides voltear a mirar y acallas el grito miserable de los deseos de hombres venidos a menos, que te reclaman cual si te poseyeran.

Porque de mis pensamientos eres presa y en mis más bellos deseos toda la libertad sea para ti.

Un beso.

Deseo

Debo prepararme. En tan solo unos segundos el mejor momento de mi día a día, la mujer de mis sueños pasará frente a mi ventana. ¡Hay que alistarlo todo! Apagar las luces para que no sepa que soy yo en la persiana, guardar la compostura ante su bello caminar y tratar de encontrar en silencio el porqué de mi locura por ella… con suerte habrá olvidado algo en casa y volverá a posar sus labios sobre los míos.

Responsable

He superado en ti el simple concepto del amor. Te has llevado consigo miles de madrugadas, miles de noches de insomnio, un puñado enorme de lágrimas, todos y cada uno de los versos que pueda esgrimirle a mi corazón y todos, absolutamente todos los suspiros que sostengo en mi trasegar.

Contravía

No, no fue una tragedia tu ausencia, porque la razón se quedó de mi lado. Sucedió que otorgué lo que soy, aquello que me hace único, irrepetible y con seguridad inolvidable. Brindé algo de lo mejor de mí, más no todo... no seguiste al encuentro de mis mejores momentos, para ti tan solo fueron suficientes dos de tres noches, y perdiste por completo la totalidad de mi calendario. No soportaste la cercanía de nuestras almas y cercenaste la noche con tu partida.

Entonces he de seguir caminando en sentido opuesto... a ti.

Réquiem

Quiero sentir que estas aquí, que aquella promesa en el beso silente fue tan real como la luz de tus ojos.

Quiero sentir que estás aquí, que amainas mi sueño entre los abrazos que tienes para mí.

Quiero sentir que estás aquí, que escucharás una vez más mis palabras y que ellas serán suficientes para que nuestra confianza y la honradez de aquel momento en el que susurraron nuestros cuerpos sea una vez más.

Quiero sentir que estás aquí, y que nos reconocemos sin musitar palabra, con tan solo mirarnos desde lados distintos.

Quiero sentir que estás aquí… y que creerás en el "para siempre" que acompañó tu partida, mientras yo aún limpiaba mis lágrimas.

Herida

Recuerdo aquel arranque de ira con el que destrocé las ultimas gotas de tinta contenidas en aquel viejo porte francés. Ahora que les añora mi pluma, ya no se animan a trazar palabra alguna.

¡Castigo merecido!

Mis manos no quieren tocar pantallas frías ni teclas de sonidos recalcitrantes que aniquilan mi concentración en ti, mi anhelo de ti.

Cierro mis ojos entonces y guardo silencio (…) pido perdón por aquella ira e imploro tiempo… tiempo para que no se vaya de mí la cordura de mis palabras, mientras acaricio suavemente la piel que ya no me pertenece.

Renovarse

Ayer que te vi
me enamoré por completo…
y pensar que ya son más de dos lustros a tu lado.

Compromiso

Si la felicidad es efímera, volveré a ti las veces que sea necesario, para eternizarle paulatinamente.

Consortes

Tú descansando en tu cama Queen
y yo descansando en mi cama King...
¡alguno de los dos está en el reino equivocado!

www.ingramcontent.com/pod-product-compliance
Lightning Source LLC
Chambersburg PA
CBHW050252120526
44590CB00016B/2316